Rainer Haak · Poesie einer Landschaft

Rainer Haak

Poesie einer Landschaft

Norddeutsche Impressionen von Clemens Neuhaus

Ein Buch der SKV-Edition, Lahr

Die in diesem Band wiedergegebenen Bilder sind Ausschnitte der Original-Gemälde von Clemens Neuhaus
Die Adresse des Künstlers:
Gemälde-Atelier Clemens Neuhaus Bahnhofstraße 17, 3042 Munster

CIP-Kurztitelaufnahme der Deutschen Bibliothek

ISBN 3 87729 366 2

SKV-Geschenkband 92 910

Gesamtherstellung:
St.-Johannis-Druckerei, 7630 Lahr
Printed in Germany 1213/1988

CLEMENS NEUHAUS

Clemens Neuhaus wurde 1927 als Sohn eines Pianisten in Celle geboren. Frühe Begegnungen im Elternhaus mit dem Landschaftsmaler Robert Stratmann weckten sein Interesse für die Malerei. Bereits als Jugendlicher wurde er von dem Maler und Bildhauer Hans Wagner unterrichtet. Nach kurzem Studium in München besuchte er die Hochschule für bildende Künste Hamburg-Lerchenfeld.

In den fünfziger und sechziger Jahren arbeitete Clemens Neuhaus viel in Dänemark und Norwegen und stellte jahrelang mit dänischen Kollegen gemeinsam aus. Seine besondere Verbundenheit gilt – in den letzten Jahren zunehmend – seiner norddeutschen Heimat mit ihrem unverwechselbaren Charakter. In seinem Schaffen ist ihm wichtig, die gute Tradition früherer norddeutscher Maler fortzusetzen.

Vorwort

Norddeutschland kennt weder das Hochgebirge noch Weinberge, es ist nicht für große Dome bekannt und auch nicht für alte Burgen. Und trotzdem, es besitzt einen ganz eigenen Charme, den viele Einheimische und Besucher entdecken durften. Aber dieser Charme offenbarte sich nur langsam und zögernd. Liebe zum Norden entsteht meistens erst auf den zweiten oder dritten Blick.

Ich lade Sie ein, den Künstler Clemens Neuhaus durch seine norddeutsche Heimat zu begleiten. Er führt uns durch Heide, Moore und Wälder, zu alten Bauernhäusern, an Bächen entlang bis zum Meer. Sie werden den spröden Charme Norddeutschlands entdecken, werden sich an eine Birke lehnen, Sand und Erde in den Händen halten und erschöpft Wasser schöpfen.

Viele der Menschen hier im Norden, so sagt man, sind ähnlich wie die Landschaft. Es dauert lange, bis jemand ihre Freundschaft gewinnt, aber die hält dann auch. Sie sind auf den ersten Blick verschlossen, wortkarg, in sich gekehrt. Aber wer sich Zeit nimmt, entdeckt ihre Gastfreundschaft, ihre innere Weite und freut sich über ihr verschmitztes Lächeln.

Die Texte in diesem Kunstband sprechen zu den Bildern und offenbaren etwas von deren Besonderheiten. Sie sprechen zu Bildern, die eine Landschaft mit Charakter zeigen. Da ist die stolze Worpsweder Mühle, das immer etwas unheimliche Moor, das Meer und der Strand, da ist die Lüneburger Heide, die früher als ungastlich galt, bis Dichter wie Hermann Löns sie entdeckten und Menschen wie Wilhelm Bode dafür kämpften, daß sie unter Naturschutz gestellt wurde. Wir begegnen Fachwerkhäusern, Bächen und Bäumen, die sich selbst immer treu geblieben sind und die uns erzählen können, was Größe und Wärme und Weitherzigkeit in dieser Welt bedeuten.

Und während wir Häuser und Landschaften entdecken, merken wir plötzlich, daß wir in ihnen auch uns selbst entdecken. Wir entdecken Menschen, die uns verzaubern, die uns mit offenen Armen aufnehmen, die sich ihre Ursprünglichkeit und Individualität erhalten haben. Wir entdecken Menschen, die sich selbst treu geblieben sind, Menschen mit Standfestigkeit und Charakter.

Nehmen Sie die Einladung doch an, sich dem Maler anzuschließen, zuerst mit seinen Augen und dann mit Ihren eigenen Augen zu schauen und schließlich mit dem Herzen zu sehen. Entdecken Sie ganz besondere Charaktere und Persönlichkeiten, bei denen sich ein Halt bestimmt lohnt.

Viel Freude wünscht dabei

Rainer Haak

Moorlandschaft

Ich frage mich, ob ich wirklich bereit bin,
dir zu begegnen,
nicht nur oberflächlich, sondern intensiv und tief.
Vielleicht habe ich noch zu viele andere Bilder
in Erinnerung, atemberaubende, spektakuläre,
die mir den Zugang zu dir verbauen.
Bin ich bereit, dein wirkliches Wesen
und deine wahre Schönheit zu entdecken,
die meinen Blicken noch verborgen sind?
Bin ich bereit, mich auf dich zu konzentrieren,
mich ganz auf dich einzulassen –
um zu entdecken, wie freizügig du dich
und deine Natürlichkeit zu verschenken weißt?

FRÜHLINGSERWACHEN

*Du überraschst mich mit immer neuen Seiten,
die ich an dir entdecken darf.
Du wechselst deine Stimmung,
deine Kleider und Farben,
du begegnest mir in tiefer Melancholie
und ein anderes Mal in überschäumender Fröhlichkeit.
Ich kann dich nicht festlegen und festschreiben,
das bezaubert mich.
Und es überrascht mich jedesmal neu,
wenn du nach langer Zeit,
in der das Leben in dir erstorben zu sein schien,
plötzlich mit deiner überwältigenden Pracht
in mir neue Hoffnung und Lebensmut aufblühen läßt.*

Einsames Gehöft

Du bist bereits von weitem zu erblicken,
weil du allein dort stehst,
deinen Platz unabhängig von der Menge gefunden hast.
Trotzdem erscheinst du nicht stolz und herausfordernd,
eher bescheiden unter den hohen Bäumen stehend.
Du willst dich nicht in den Mittelpunkt stellen.
Dabei bist du überhaupt nicht abweisend,
du machst einen offenen Eindruck,
nein, nicht einladend für jedermann,
das wäre sicherlich übertrieben,
aber offen für den, der bereit ist,
über die Brücke zu gehen,
die du ihm anbietest.

ALTE MOORKATE

*Plötzlich, hinter einer Wegbiegung,
tauchst du vor mir auf.
Ich muß stehenbleiben
und dich intensiv betrachten.
Du bist mir sofort sympathisch.
Ich frage mich warum?
Vielleicht bewundere ich deine zwei Gesichter,
in denen du mir begegnest.
Da ist einmal deine Standfestigkeit,
fast ein bißchen zugeschlossen bist du,
in dir selbst ruhend.
Und auf der anderen Seite spüre ich,
wie du Wärme und Sicherheit verbreitest
und Leben ausstrahlst,
das aus dir kommt und überspringt
und auch deine Umgebung mit Leben erfüllt.
Ich möchte noch ein wenig bei dir bleiben dürfen.*

DRAUSSEN AM MOOR

Sicher würde dich mancher gerne in den Griff bekommen,
dich zähmen und kultivieren,
dich so haben wollen,
daß du ihm und seinen Wünschen entsprichst
und er dich benutzen kann.
Du bist wild und unberechenbar,
wer sich mit dir einläßt, muß auf alles gefaßt sein
und kann schnell den sicheren Boden unter den Füßen verlieren.
Hoffentlich gibt es dich noch lange,
hoffentlich bleibst du gefährlich und lieblich,
verlockend und voller unbekannter Tiefen.
Du bist für mich ein Zeichen dafür,
daß noch längst nicht alles Leben
in ein Schema gepreßt worden ist.

Mühle in Worpswede

Du stellst dein Licht nicht unter den Scheffel,
ganz bestimmt nicht.
Du bist stolz auf deine Fähigkeiten.
Schließlich hast du lange deine Pflicht getan.
Du bist ein Beispiel für Zuverlässigkeit.
Mancher wüßte nicht, was er ohne dich hätte tun sollen,
schafftest du doch immer die Möglichkeit,
das tägliche Brot und bescheidenen Wohlstand zu erlangen.
Du hast dich gedreht und gearbeitet,
Tag und Nacht,
und wenn du manchmal anhalten mußtest,
dann nur, um auf frischen Wind zu warten.
Da stehst du, stolz und bewundert,
als Zeichen für viele,
die unaufhaltsam in Bewegung waren für andere.
Ist deine Zeit endgültig vorbei?

Lüneburger Heide

Früher hielten die meisten Menschen nicht viel von dir.
Du galtest als ungastlich, langweilig und trostlos.
Kaum jemand war daran interessiert,
dich näher kennenzulernen
oder gar sein Leben mit dir zu teilen.
Nur Schafe halten es bei dir aus, hieß es.
Doch dann wendete sich das Blatt.
Jemand lernte dich lieben und pries deine Reize.
Ein anderer stellte sich in deinen Dienst und war bereit,
alles für dich zu tun.
Du kamst in Mode,
und viele suchten deine Nähe.
Heute besitzt du ein Millionenpublikum.
Sind wir Menschen nicht sonderbar?
Du hast dich doch in der ganzen Zeit kaum verändert
und blühtest schon auf,
als noch niemand davon Kenntnis nahm.

Halbverfallenes Gebäude

Eure besten Tage habt ihr hinter euch, das kann niemand übersehen.
Vielleicht träumt ihr von vergangenen Zeiten,
als ihr noch jung und stabil wart.
Fast macht es den Eindruck, als schämtet ihr euch und versuchtet,
euch vor allzu aufdringlichen Blicken zu schützen.
Glaubt ihr denn schon selbst daran,
daß alles Neue auch besser ist?
Ich stehe gern bei euch und freue mich über eure Nähe.
Ihr vermittelt den Eindruck, daß ihr Zeit habt,
von euch strahlen Ruhe und Lebenserfahrung aus.
Ich glaube, bei euch bin ich gut aufgehoben.
Ihr habt so viel zu berichten, und ich sehe euch an,
daß ihr alles mit eurem Leben abdecken könnt.
Wenn es Menschen gibt, die euch berichten lassen,
dann liegen eure besten Tage vielleicht noch vor euch!

Weites Meer

*Jedesmal, wenn ich dir begegnet bin,
hast du mich und mein Leben ein wenig verändert.
Du hast meinen Blick geweitet,
mir wieder und wieder meine Enge genommen
und eine Vorstellung davon gegeben,
daß über dem Horizont hinaus Leben ist und Hoffnung.
Ich fühle mich bei dir winzig klein
und habe doch immer an Größe gewonnen.
Du hast mich aufgewühlt
und tief durchatmen lassen
und mir wieder einen klaren Kopf geschenkt.
Du hast mir den Himmel nähergebracht
und meine Maßstäbe von Groß und Klein
zurechtgerückt.*

Spaziergang am Strand

Wie oft bin ich mit dir diesen Weg gegangen!
Es war stets ein besonderes Erlebnis,
in der Sommerhitze wie bei einem Novembersturm.
Ich liebe deinen würzigen Geruch.
Ich mag, daß du ständig in Bewegung bist,
und staune, daß ich doch bei dir Ruhe und inneren Frieden finde.
Aber ganz besonders intensiv empfinde ich,
daß bei dir Welten zusammenkommen,
die sonst nur als Gegensätze gelten.
Ich spüre bei dir festen Boden unter den Füßen
und sehe gleichzeitig Gefahr und Untergang vor mir.
Ich erlebe Geborgenheit und Heimat
neben dem Gefühl von Ohnmacht und Verlorenheit.
Und ich merke, wie trotz aller Sicherheit bei dir
immer auch der Wunsch da ist, mich hinauszuwagen
und ganz neue Ufer und Welten zu erreichen.
Bei dir kommen Welten zusammen, und plötzlich erkenne ich
in dir meine eigene Sehnsucht nach Leben.

ALTER BRUNNEN

*Wer bei dir nur an der Oberfläche bleibt,
wird nie etwas von deinem inneren Reichtum verstehen.
Er wird niemals erleben,
wie wohltuend die Erfahrung sein kann,
deine inneren Werte kennenzulernen.
Ich muß mir Zeit nehmen,
um aus deinen Tiefen zu schöpfen,
aber ich werde für meine Geduld belohnt.
Die Begegnung mit dir ist jedesmal erfrischend und kostbar.
Schade, daß deine Zeit vorbei ist.
Du bist nicht mehr gefragt.
Heute muß alles schnell gehen und einfach,
und wer ist schon bereit,
noch in die Tiefe vorzudringen?
Heute ist vieles anders.
Heute spüre ich oft einen bitteren Nachgeschmack
im Mund.*

Heimisches Fachwerkhaus

Wenn ich dich einen Augenblick lang betrachte,
dann spüre ich,
wie mich innerer Friede erfüllt.
Für mich strahlst du Frieden aus.
Meine innere Unruhe verläßt mich.
Du scheinst keine Hektik zu kennen,
und in deiner Nähe ist mir,
als würde die Zeit stehenbleiben.
Ich merke, daß du mit dir selbst
und mit deiner Umwelt in Einklang lebst.
Irgendwie paßt bei dir alles zusammen.
Das fehlt mir so oft,
und das will ich von dir lernen.
Ich bin dankbar dafür,
daß du mir den Eindruck vermittelst,
bei dir stets willkommen zu sein
und mich bei dir wohlfühlen zu dürfen.

Am Bach entlang

Ich staune,
wie konsequent du deinen Weg verfolgst.
Du läßt dich dabei von nichts aufhalten.
Irgendwie bewundere ich das.
Vor allem gebrauchst du niemals Gewalt,
um Hindernisse zu überwinden.
Eher nimmst du einen Umweg in Kauf
und versuchst es dann noch einmal.
So verläuft dein Lebensweg in vielen Windungen.
Aber wenn ich ihn betrachte,
dann gehst du immer genau den Weg, der zu dir paßt.
Nie hinterläßt du in deiner Umgebung
einen verlorenen Eindruck.
Du machst mir Mut, beständig weiterzumachen
und darauf zu vertrauen,
daß es immer einen Weg gibt,
der weiterführt.

Haus am Ortsausgang

Ich weiß gar nicht genau,
wo ich dich ansiedeln soll.
Du stehst etwas am Rande,
nicht abgesondert und einsam,
aber doch mit genügend Distanz.
Du verträgst keine Enge,
du suchst die Nähe zur Weite.
Du liebst die Verbindung zur Einsamkeit,
ohne dich in ihr zu verlieren.
Ich glaube, du hast deinen Platz gefunden.
Du bist nah genug bei den anderen,
um sie verstehen und ihnen begegnen zu können.
Aber du bist auch weit genug entfernt,
um dich nicht durch zu viel Nähe und Abhängigkeit
gefangennehmen zu lassen.

Unter Birken

Bei dir habe ich sofort den Eindruck,
daß du keine Forderungen an mich stellst.
Du versuchst nicht,
meine Gedanken in eine bestimmte Richtung zu lenken,
du nimmst mir nicht den Atem
und erdrückst mich nicht.
Ich glaube, bei dir kann ich – einfach so – sein.
Ich kann mich zu dir setzen
und brauche gar nichts zu sagen.
Du bist um mich, mir ganz nahe,
und trotzdem läßt du mir die Freiheit,
für mich zu sein, zu träumen
und meine Gedanken neu zu ordnen.
Du läßt es geschehen,
daß ich mich auf den Rücken lege
und stundenlang in den Himmel schaue.
Du erlaubst mir,
zu klagen und zu weinen
oder einfach zufrieden und glücklich zu sein.

EINLADUNG INS REETDACHHAUS

Geborgenheit schenkst du und Wärme,
das spüre ich sofort.
Du strahlst sie einfach aus,
bietest sie an,
ohne dich dabei anzupreisen
und in den Vordergrund zu stellen.
Du bietest die Möglichkeit, zu dir zu kommen,
und bist dann ganz für deinen Gast da.
Du bietest Raum, um Abstand zu gewinnen,
du bietest Schutz und Sicherheit.
Und trotzdem willst du niemanden gefangennehmen,
willst nicht festhalten und an dich binden.
Du läßt die Freiheit,
bei dir Geborgenheit zu genießen,
und die Freiheit,
wieder zu gehen, fortzubleiben
und eines Tages vielleicht wieder zurückzukehren.
Es ist gut zu wissen, daß du da bist.

Baum am alten Landweg

Du hältst dich nicht bei der Masse auf,
läßt dich nicht einengen
und dir den Blick von anderen versperren.
Du stehst da, wo du atmen kannst,
wo dein Blick frei in alle Richtungen geht.
Du weißt etwas von der Unendlichkeit,
hast eine Ahnung von anderen Welten
und dunklen Wolken, die herannahen.
Du kennst das Leben,
kennst Wind und Wetter
und hast manchem Sturm getrotzt.
Laß die anderen über dich denken, was sie wollen,
laß sie dich beschimpfen als »Außenseiter«,
du siehst, was sie nicht einmal ahnen.
Wer wirklich sieht ist schnell allein.

Der Weg des Flusses

Du bist ständig in Bewegung,
selten hektisch und überstürzt,
eher geruhsam,
aber doch so, daß du nie länger
an einem Ort verweilst.
Du hast bereits viel gesehen und erlebt.
Sicher war manches auf deinem Weg schön und einladend,
wohl gar so reizvoll,
daß es sich gelohnt hätte stillzustehn.
Aber dich treibt etwas vorwärts,
du wirst fortgezogen wie zu einem unsichtbaren Ziel.
Ich staune darüber,
wie lebendig du bist
und wie wandlungsfähig.
Gern möchte ich dich ein Stück begleiten,
mich an dir erfreuen
und lernen,
mein Lebensziel so zu verfolgen wie du.

Bach im Winter

Längst ist alles Leben erstorben
oder versteckt,
unsichtbar für meine Augen.
Alles ist vor Kälte erstarrt.
Doch dann erblicke ich dich,
ein Zeichen der Hoffnung im Tod,
ein Stück Himmel in der Kälte,
Leben und Bewegung zwischen dem Erstarrten.
Du erinnerst mich daran,
daß hier einmal alles lebendig war.
Du machst mir Mut,
an das Leben zu glauben
und nicht zu resignieren.
Ich will darauf achten,
wo jemand Mut zum Leben macht.
Vielleicht kann ich selbst Hoffnung verbreiten
inmitten aller Hoffnungslosigkeit?

Winterstimmung

Wer dich vor einem halben Jahr gesehen hat
erkennt dich heute kaum wieder.
Damals warst du das Leben selbst,
voller Farben,
so vieles konnte sich bei dir entwickeln
und heranreifen.
Du hast dich dabei verausgabt,
hast alles gegeben und keine Ruhepause gekannt.
Heute stehst du ganz anders vor mir.
Du bist zur Ruhe gekommen,
hast dich nach innen gekehrt
und bist dabei,
dich auf das Neue vorzubereiten.
Ich glaube, es wird dir gelingen,
weil du dir Zeit dafür läßt.
Alles braucht seine Zeit,
Arbeiten und Ruhen,
Einatmen und Ausatmen,
Sommer und Winter.